Angel	Ameise	Affe	Emil	Bett
Bank	Bär	Axt	Eis	Dieb
Decke	Boot	Gewitter	Frau	Fabrik
Engel	Honig	Hexe	Heft	Glocke
Kirche	Kette	Kaffee	Käfig	Leiter
Kugel	Kleid	Kissen	Paket	Nadel
Mann	Mädchen	See	Salat	Rose
Qualle				

bed	sun	bike	sheep	bird
table	boat	tree	bread	train
basket	window	box	pencil	book
boy	cake	girl	car	lake
cat	fox	chair	moon	coat
fork	cup	cupboard	cheese	carpet
cow	dog	duck	flower	frog
hat	house	jeans	knife	mouse
plane	plate	rabbit	ruler	rain
sandwich	shirt	shoes	socks	spoon

DAS GROSSE EMIL UND PAULINE LERNSPIELPAKET
FÜR DIE 3. KLASSE

Almuth Bartl   Jan Birck

Am See Deutsch

Eisbär Emil und seine Freundin Pauline reisen in ihrem Wohnmobil um die Welt und erleben die tollsten Abenteuer. Gerade sind sie an einem See gelandet.

⇨ Erzähle doch mal, was du alles auf dem Bild siehst!

⇨ Suche jetzt alle Wortkärtchen mit Namenwörtern (Substantiven) heraus. 11 Kärtchen davon passen zu dem Bild. Lege die Kärtchen bitte auf die entsprechenden Personen, Tiere und Dinge!

Quatsch mit Pauline

Pauline Pinguin darf im Zirkus jonglieren. Deshalb will sie unbedingt einen Künstlernamen. Pauline schreibt die Silben ihres Namens auf und vertauscht sie dann.

Aus Pau-li-ne Pin-gu-in wird die bekannte Künstlerin | Nepauli Ingupin |

⇨ Findest du heraus, mit welchen Wörtern Nepauli gerade jongliert? Lege die passenden Wortkärtchen auf die Quatschwörter!

⇨ Kannst du die Silben deines Namens auch vertauschen? Wie lautet dein Künstlername? Wenn dein Name nur eine Silbe hat, schreibe ihn bitte rückwärts auf.

Geburtstag

Emil und Pauline sind zu einer Geburtstagsfeier eingeladen. Aber wer hat eigentlich Geburtstag: das Schwein, der Fuchs oder Kater Karl?

⇨ Male alle Felder rot aus, in denen du ein Wort entdeckst, das auch auf einem Wortkärtchen steht! Dann kennst du den Weg zum Geburtstagstier.

⇨ Male bitte dem Geburtstagstier eine Krone auf den Kopf!

Das Labyrinth

⇨ Suche bitte deine 10 Wortkärtchen heraus, auf denen die Eigenschaftswörter stehen.

⇨ Suche für jedes Kärtchen den richtigen Platz in einem roten Feld. Achte auf die Anzahl der Buchstaben und auf die Buchstabenlänge!

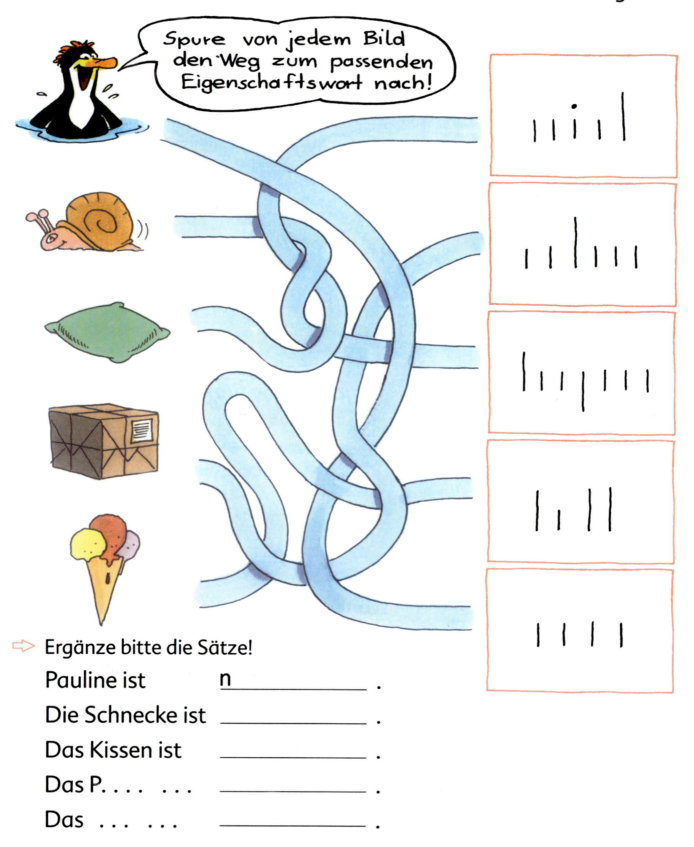

⇨ Ergänze bitte die Sätze!

Pauline ist n_____ .

Die Schnecke ist _____ .

Das Kissen ist _____ .

Das P.... ... _____ .

Das ... ... _____ .

Emil ist   t_____ .
Der K . . . . _____ .
Der S . . . . _____ .
Die . . . . _____ .
. . . . _____ .

Das Wimmelbild

Emil und Pauline staunen über die Bilder, die sich in der heißen Luft spiegeln. Wer ganz genau hinsieht, erkennt nämlich sechs Gegenstände in dem Gewimmel.

⇨ Spure die Umrisse der Dinge mit einem roten Stift nach!

⇨ Suche zu den Bildern die passenden 6 Wortkärtchen heraus und lies die Wörter laut vor!

⇨ Schreibe die Wörter in die Rahmen. Vergleiche mit deinen Wortkärtchen!

Ei-/ei-Wörter

In jedem Ei ist ein Ding zu sehen, dessen Name ein „Ei" oder „ei" enthält.

⇨ Suche die passenden 6 Wortkärtchen heraus und lege sie bitte auf die Eier!

⇨ Trage die 6 Wörter in das Rätselgitter ein!

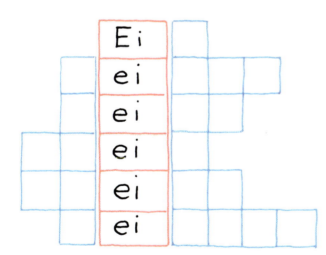

⇨ Errätst du, welches Wort sich in dem Ei versteckt, das Emil in der Hand hält?

Waschtag

Emil hat die Wortkärtchen gewaschen. Jetzt sind die Buchstaben natürlich durcheinander geraten. Erkennst du trotzdem noch, welche Wörter draufstanden?

⇨ Trage die Wörter der Reihenfolge nach in die Rahmen ein!

⇨ Lies die rot eingerahmten Buchstaben zusammen!
Die Lösung heißt:

Wörterrätsel

⇨ Nach welchen 12 Wörtern wird hier gefragt? Denk gut nach, und lege die passenden Wortkärtchen auf die Texte!

⇨ Kreise die Bilder zu den 12 Rätselwörtern im Rahmen ein!

Wie heißt die Blume, an deren Stiel sich Dornen befinden?	Ein Mensch, der andere bestiehlt, ist ein...	Das winzig kleine Tier mit sechs Beinen heißt...
Womit kann man Fische fangen?	Wie heißt das Werkzeug, mit dem man Bäume fällt?	Ein Fahrzeug, mit dem man übers Wasser fahren kann, heißt...
Es ist meistens aus Holz, und mehrere Leute können darauf sitzen.	Schwarze Wolken türmen sich auf. Es blitzt und donnert.	Wie heißt die gelbe, saure Frucht?
Was schmeckt besonders im Sommer gut?	Wer müde ist, ist froh, dass es dieses Möbelstück gibt.	Ein lustiges Tier, das gut klettern kann. Es lebt bei uns im Zoo.

⇨ Schreibe bitte die zwölf Lösungswörter auf die Zeilen!

R_____

_____

_____

Die Wörtersterne

⇨ Male bitte alle Wörtersterne gelb aus, in denen du ein Eigenschaftswort (Adjektiv) entdeckst, z.B. „leicht".

⇨ Male alle Sterne mit Tunwörtern (Verben) rot aus!

⇨ Male alle Sterne mit Namenwörtern (Substantiven) orange aus!

fahren • Taxi • Gewitter • Käfig • leicht • Rose • trocken • Wecker

„Ich seh' ein Wort, das du nicht siehst... Es hat 6 Buchstaben und in der Mitte ein „ck"!"

⇨ Suche dir einen Spielpartner und spielt zusammen weiter!

➪ Schreibe bitte alle Sternwörter mit 4 Buchstaben hier auf!

Selbstlaut - Mitlaut - Umlaut - Doppellaut

⇨ Suche zu jedem Wortmuster drei Beispielwörter aus und trage sie in die richtigen Spalten ein!

S = Selbstlaut (a, e, i, o, u), M = Mitlaut (b, c, d, f, g, ...z),
U = Umlaut (ä, ö, ü), D = Doppellaut (ai, ei, eu, äu, au)

Hase
MSMS

M S M S	M M S M M	M U M S	M D M
•	•	•	•
•	•	•	•
•	•	•	•

 Hase
 Pferd
 Stuhl
 Mais
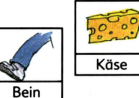 Bein
 Käse
 Rübe
 Rose
 Taxi
 Kleid
 Gabel
 Baum
 Feder
 Vogel
 Stein
 Buch
 Brett
 Bank
 Hände
 Löwe
 Kreuz
 Zelt
 Mühle

Mütze

M S M M	M S M S M	M U M M S	M M D M
•	•	•	•
•	•	•	•
•	•	•	•

Dehnungen. Das Dehnungs-h

Emil und Pauline bummeln über den Flohmarkt. Toll, was es hier so alles gibt!

⇨ Male alle weißen Gegenstände mit einem roten Stift aus!

⇨ Wie heißen diese Dinge? Sprich ihre Namen laut!

⇨ Schreibe die Wörter auf! Die Buchstaben in den Kästchen helfen dir beim Rechtschreiben.

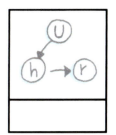 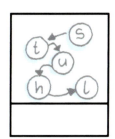 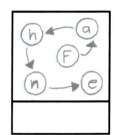 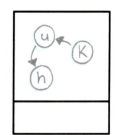 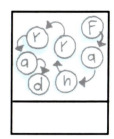

⇨ Fahre den lang gesprochenen Selbstlaut oder Umlaut vor dem Dehnungs-h mit einem blauen Stift nach!

Mohn, Stahl, Flohmarkt, wehren, Kahn, verkehrt, nähen, wühlen, Ohr, Fehler, Höhle.

⇨ Kannst du den Merksatz ergänzen? Fülle die Lücken mit Bleistift aus und kontrolliere deinen Merksatz mit Hilfe des Lösungskärtchens!

Merke:
Vor dem _____ -h klingt der S _____

oder der U _____ l _____ .

Hier bitte das passende Kärtchen auflegen.

Dehnungen: Wörter mit ie

> Wird ein **i** lang gesprochen, schreibt man **ie**.

⇨ Findest du alle vierzehn ie-Wörter im Buchstabengitter? Kreise sie bitte mit einem roten Stift ein!

G	S	T	I	E	F	E	L	L	F	N	Ü
C	P	A	P	I	E	R	I	K	L	I	S
Z	I	E	H	E	N	W	E	U	I	E	C
B	E	N	Z	I	E	L	B	S	E	S	H
R	L	N	I	E	D	R	I	G	H	E	I
I	E	C	H	V	S	I	E	G	E	N	E
E	N	I	E	D	L	I	C	H	N	O	F
F	N	E	R	I	E	S	I	G	M	I	L

Tipp: Die ie-Wörter sind senkrecht und waagrecht versteckt!

⇨ Trage jetzt die ie-Wörter in die passenden Spalten ein! Achte auf Groß- und Kleinschreibung!

Namenwörter	Tunwörter	Wiewörter

⇨ Trage die übrig gebliebenen Buchstaben aus dem Buchstabengitter hier ein!

G ☐ ☐ ☐ ☐ ☐ ☐ ☐ ☐ ☐ ☐

☐ ☐ ☐ ☐ ☐ ☐ ☐ !

Kontrolliere mit dem Kärtchen!

Manche Tunwörter erhalten **ie**, wenn man sie in die Vergangenheit setzt.
⇨ Fülle bitte die Lücken aus!

schreiben	– ich schrieb	halten	– er	_____
bleiben	– er _____	schweigen	– ich	_____
fallen	– sie _____	rufen	– du	_____
lassen	– ich _____ (ß!)	scheinen	– es	_____
heißen	– sie _____ (ß!)	blasen	– er	_____
steigen	– du _____	treiben	– es	_____

⇨ Sprich die Namen dieser Tiere und Dinge deutlich aus! Überlege, ob der i-Laut lang oder kurz gesprochen wird, und trage **i** oder **ie** in die Lücken ein!

Sp......gel   W....nd   F.....sch   W....ge   P..ngu...n

F....nger   B....ne   D....b   Sch....ff   Fl....ge

Zw....bel   B....rne   S....b   .....gel   R....ng

Achtung Ausnahme! Die Namen meiner Freunde Biber und Tiger werden mit **i** geschrieben, obwohl ein langes **i** gesprochen wird!

Mini-Tiger   Biber

Hier bitte Lösungskärtchen!

Die Doppelselbstlaute (aa, ee, oo)

⇨ Lies die Wörter auf Paulines Felsen!
⇨ Fahre alle Doppelselbstlaute mit einem roten Stift nach!
⇨ Schreibe dann die Wörter unter die passenden Bilder!

⇨ Setze diese Wörter zusammen und schreibe sie auf die Zeilen!

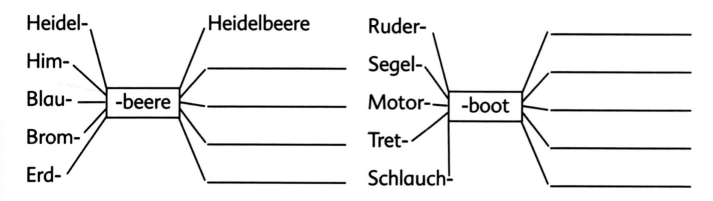

Wiewörter mit den Endungen -ig, -lich, -isch

Aus vielen Namenwörtern kann man mit den Endungen -ig, -lich oder -isch Wiewörter bilden. Aber aufgepasst! Das Grundwort kann sich dabei ein bisschen ändern, z. B. Regen – regnerisch

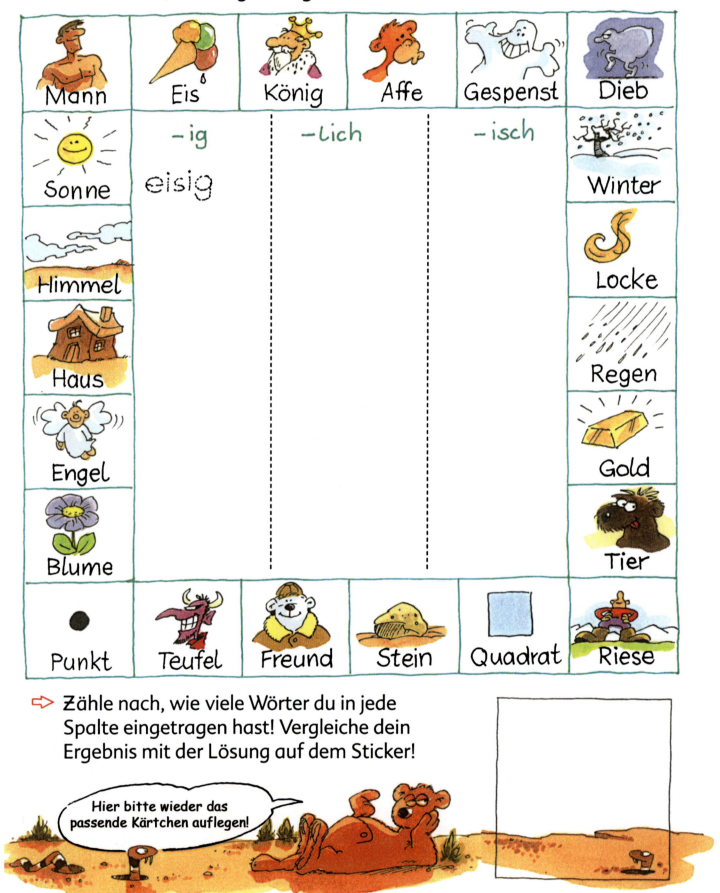

⇨ Zähle nach, wie viele Wörter du in jede Spalte eingetragen hast! Vergleiche dein Ergebnis mit der Lösung auf dem Sticker!

Hier bitte wieder das passende Kärtchen auflegen!

Ähnlich klingende Auslaute: g-k, d-t

⇨ Sprich die Namen der Personen, Tiere und Dinge deutlich aus! Welche Laute hörst du am Ende der Wörter?

⇨ Ergänze die fehlenden Buchstaben!

g oder k?

Zu___ Fabri___ Zwer___ Käfi___ Ban___

Schran___ Bur___ Rin___ Musi___ Honi___

d oder t?

Pfer___ Ax___ Zel___ Fahrra___ Pake___

Hem___ Mon___ Sala___ Stif___ Schil___

⇨ Wie oft hast du jeden Buchstaben ergänzt? Kontrolliere dein Ergebnis mit dem Lösungskärtchen!

◯ · g   ◯ · k   ◯ · d   ◯ · t

Aus Selbstlauten werden Umlaute

▷ Schreibe zu jedem Bild das passende Wort in der Einzahl und in der Mehrzahl auf!

Spure die Umlaute ä, ö, ü mit einem roten Stift nach!

der Wald _____
die Wälder _____

_____ _____
_____ _____

_____ _____
_____ _____

_____ _____
_____ _____

Beim Beugen von Tunwörtern wird oft der Selbstlaut a zum Umlaut ä.

Hier wieder das Kärtchen auflegen und kontrollieren

▷ Ergänze bitte die fehlenden Wörter!

schlafen - du schläfst   naschen - du _____

fallen - es _____   tanzen - du _____

graben - du _____   fahren - er _____

wachsen - es _____   platzen - sie _____

waschen - sie _____ fangen - du _____

Wörter mit au - äu

"Bitte festhalten, Emil! Danke."

Ob ein Wort mit äu oder eu geschrieben wird, kann man nicht hören. Merke dir aber: Wenn man das Wort von einem au-Wort herleiten kann, so schreibt man es mit äu!

⇨ Verbinde bitte jedes äu-Wort mit dem passenden au-Wort! Nimm zum Verbinden ein Lineal und verbinde exakt von ● zu ● !

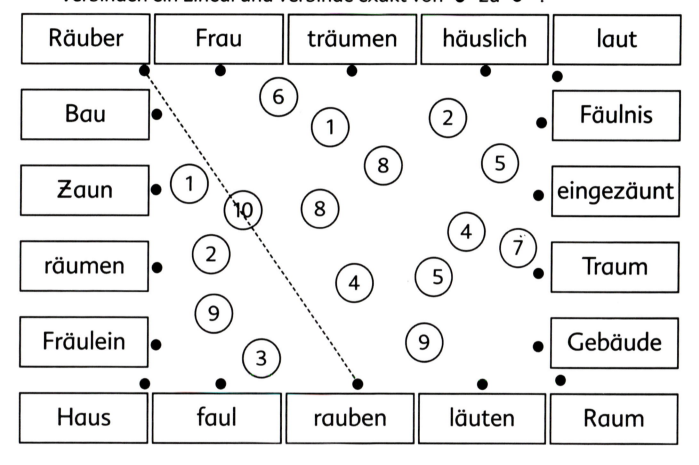

⇨ Beim Verbinden hast du eine Menge Zahlen durchgestrichen. Einige Zahlen aber sind übrig geblieben. Zähle diese Zahlen bitte zusammen und trage das Ergebnis hier ein:

"Kontrolliere dein Ergebnis mit der Zahl auf dem Lösungskärtchen."

⇨ Überlege bei jedem Wort, ob man es mit äu oder eu schreibt.
⇨ Trage die Doppellaute mit Bleistift in die Lücken ein!

Fr.....de   eu

Wenn du das Wort nicht von einem au-Wort ableiten kannst, schreibst du: eu!

S___re	sch___men	T___fel	___le
Ungeh___er	H___	___ßerlich	L___se
r___mlich	M___se	tr___	B___erin
Sch___ne	___ter	Kr___ter	h___len
G___le	F___er	B___chlein	s___men
K___le	bl___lich	B___le	Z___ge
h___fig	Fr___nd	t___er	___glein
gebr___chlich	d___tlich	Br___te	St___er
S___che	H___ptling	schn___zen	ger___mig
Kerngeh___se	S___gling	Zig___ner	B___me
h___cheln	Eink___fe	Schl___che	str___ben
H___ser	verg___den	gl___big	vorl___fig

☐ x äu   ☐ x äu   ☐ x äu   ☐ x äu
☐ x eu   ☐ x eu   ☐ x eu   ☐ x eu

Rate mal, wo du bitte schön das Kärtchen auflegen musst!

⇨ Zähle in jeder Spalte nach, wie viele äu-Wörter und wie viele eu-Wörter es sind. Trage die Zahlen in die Kästchen ein und kontrolliere mit den Aufgaben auf deinem Lösungskärtchen!

richtig!

Wörter mit Doppelmitlauten

Alle Wörter, die zu den Bildern an der Wand passen, haben einen Doppelmitlaut (gg, ff, ll, mm, nn, tt, pp, ss).

Emil hat alle Wörter in Geheimschrift aufgeschrieben. Damit du die Wörter leichter erkennst, hat Emil die Doppelmitlaute rot geschrieben.

⇨ Übersetze alle Geheimschriftwörter und schreibe sie auf!

||||| Pfanne	||||||
||||||	||||||||
||||	|||||
|||||	||||||
||||	||||

Wer kann diesen Merksatz lesen?

Kontrolliere mit dem Lösungskärtchen!

Nach ||||| kurz |||||||||||| ||||||||||| folgt meist ||| doppelter |||||||.

Schärfung: Wörter mit ck

Merke! Nach einem kurz gesprochenen Selbstlaut wird aus k ein ck! Beispiel: Deckel

Ergänze bitte in allen Wörtern das ck!

Namenwörter
E__e   Na__en
Fle__   De__e   La__
Tri__   Fa__el   Sto__
Ru__sa__

Der Lastwagen ist angekommen. Hilfst du beim Ausladen?
⇨ Schreibe die ck-Wörter in die passenden Spalten!

Namenwörter	Tunwörter	Wiewörter
Fackel		

⇨ Unterstreiche in jedem Wort das ck rot!
⇨ Fahre den kurz gesprochenen Selbstlaut oder den kurz gesprochenen Umlaut vor jedem ck mit einem grünen Stift nach!
z.B. zwicken

➪ Nenne jedes Tier und jedes Ding bei seinem Namen!
➪ Wird das Wort mit k oder mit ck geschrieben? Trage die Wörter unter den Bildern ein!

Häufung gleicher Buchstaben

Beim Zusammensetzen von Wörtern kann es passieren, dass drei gleiche Buchstaben zusammenstoßen, z. B.:

Balle**tt** + **T**änzerin
= Balle**ttt**änzerin

Aller... *...guten Dinge...* *...sind drei!*

⇨ Setze immer zwei Wörter zu einem Wort zusammen! Achte auf die drei gleichen Buchstaben, die zusammenstoßen!

Schiff — Kontroll — Schnee — Elefant — Eis — Sauerstoff — Eule — Fahrt — Tee — Imbiss — Kaffee — Bett — Ei — Stall — Laterne — Nuss — Einschuss — Schokolade — Tuch — Lämpchen — Stelle — See — Flasche — Stube

⇨ Schreibe die neuen Wörter hier auf!
⇨ Markiere die Buchstaben-Drillinge mit einem roten Stift!

Kontro**lll**ämpchen

Lösungskärtchen!

Wörter mit ß

⇨ In allen Wörtern an der Säule steckt ein ß. Fahre es mit einem roten Stift nach!

⇨ Trage die Wörter dann in die richtigen Spalten ein. Überlege, welcher Laut vor dem ß steht!

Merke dir: ß folgt nach lang gesprochenem Selbstlaut, nach lang gesprochenem Umlaut oder nach einem Doppellaut.

Spaß, Maßband, heiß, Strauß, Ruß, Floß, weiß, Straße, büßen, groß, süß, Kloß, Wo bin ich bloß?, genießen, Füße, außen, beißen, grüßen, mäßig, dreißig, fleißig, fließen, Gefäß

ß nach lang gesproche- nem Selbstlaut	ß nach lang gesproche- nem Umlaut (ä, ö, ü)	ß nach Doppellaut (au, ie, eu, ei...)

In den roten Kästchen findest du Tunwortformen in der Gegenwart. Jedes rote Kästchen ist mit einem blauen verbunden.

⇨ Spure die Wege von jedem roten Kästchen zu seinem blauen Partnerkästchen nach und trage hier die passende Form in der Vergangenheit ein!

ich gieße		
ich reiße		
ich vergesse		
ich lasse	ich goss
ich schließe		
ich weiß		
ich beiße		
ich messe		

⇨ Fahre bitte alle lang gesprochenen Selbstlaute oder Doppellaute mit einem roten Stift nach!
Beispiel: ich vergaß

⇨ Fahre bitte alle kurz gesprochenen Selbstlaute mit einem grünen Stift nach!
Beispiel: ich goss

Die Wörterexplosion

In der Wörterfabrik gab es eine Explosion. 10 Wörter sind dabei auseinander geraten.

⇨ Kannst du die Teile wieder zusammensetzen?

⇨ Suche bitte die 10 Kärtchen heraus, auf denen die „explodierten" Wörter stehen!

⇨ Lies die Wörter laut!

⇨ Lies die Wörter rückwärts!

⇨ Kannst du die Wörter quaken wie ein Frosch oder zischen wie eine Schlange?

Mathe

Emil und seine Freundin Pauline reisen in ihrem tollen Flug-Schwimm-Wohnmobil um die Welt und erleben die tollsten Abenteuer.

Diesmal landen die beiden in der Nähe einer alten Burg und werden von den kleinen, lustigen Burghasen stürmisch begrüßt.
Die Hasen tragen Zahlen zwischen 66 und 99. Ein Häschen aber hat einen Doppelgänger mit der gleichen Zahl.

⇨ Wer diese beiden Häschen findet, kreuzt sie mit einem Buntstift an!

Hunderter, Zehner, Einer

Kreuze alle Zahlen an, die vier Zehner haben.

| 41 ☒ | 86 ☐ | 149 ☐ | 40 ☐ | 23 ☐ |

Kreuze alle Zahlen an, die acht Einer haben.

| 28 ☐ | 108 ☐ | 82 ☐ | 74 ☐ | 1008 ☐ |

Kreuze alle Zahlen an, die fünf Hunderter haben.

| 75 ☐ | 555 ☐ | 556 ☐ | 4520 ☐ | 1050 ☐ |

Kreuze alle Zahlen an, die sowohl sieben Zehner als auch zwei Einer haben.

| 27 ☐ | 720 ☐ | 72 ☐ | 472 ☐ | 277 ☐ |

Kreuze alle Zahlen an, die sowohl drei Hunderter als auch sieben Einer haben.

| 753 ☐ | 387 ☐ | 452 ☐ | 133 ☐ | 3347 ☐ |

Kreuze alle Zahlen an, die einen Hunderter, zwei Zehner und drei Einer haben.

| 123 ☐ | 312 ☐ | 4123 ☐ | 10123 ☐ | 231 ☐ |

Kontrolliere deine Ergebnisse mit diesen wunderschönen Zahlenblumen!

Gespenstergeschichten

24 Burggespenster schlafen tagsüber in 6 Kisten.

Wie viele Gespenster schlafen zusammen in einer Kiste?

Hugo Hase futtert in der Woche 63 Kastanien.

Wie viele Kastanien futtert Hugo Hase täglich?

4 Gespensterfreunde spielen Karten. Ein Kartenspiel hat 32 Karten.

Wie viele erhält jeder Spieler?

12 Burggespenster wollen im Mondlicht auf dem Burgweiher rudern. In jedes Boot passen 4 Gespenster.

Wie viele Boote werden benötigt?

5 Gespenster teilen sich gerecht die Hausarbeiten. Heute müssen alle 35 Burgfenster geputzt werden.

Wie viele Fenster putzt jedes Gespenst?

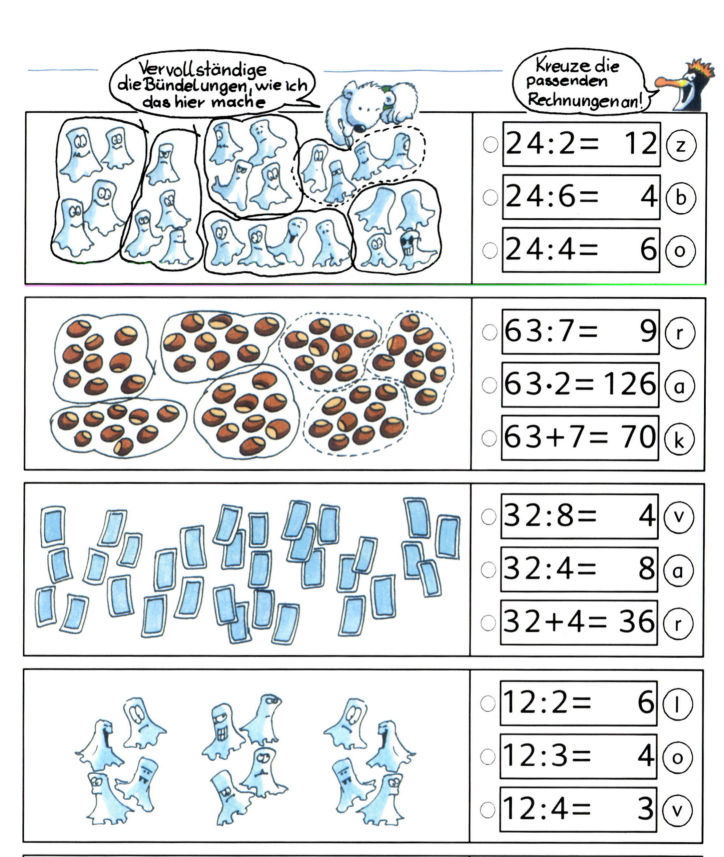

Kontrolle: Lies jetzt die Buchstaben neben den angekreuzten Rechnungen zusammen.

Die Rechenrahmen

In jeden Rechenrahmen gehören vier Aufgaben.
Ergänze bitte, was fehlt.

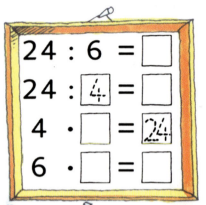
24 : 6 = ☐
24 : 4 = ☐
4 · ☐ = 24
6 · ☐ = ☐

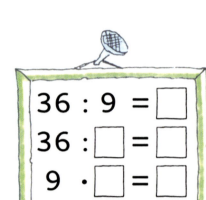
36 : 9 = ☐
36 : ☐ = ☐
9 · ☐ = ☐
4 · ☐ = ☐

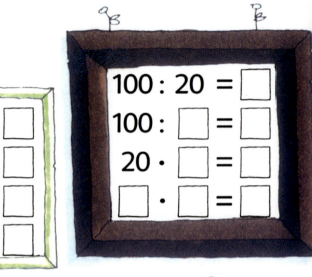
100 : 20 = ☐
100 : ☐ = ☐
20 · ☐ = ☐
☐ · ☐ = ☐

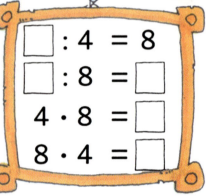
☐ : 4 = 8
☐ : 8 = ☐
4 · 8 = ☐
8 · 4 = ☐

630 : 90 = ☐
630 : ☐ = ☐
90 · ☐ = ☐
☐ · ☐ = ☐

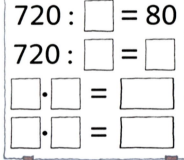
720 : ☐ = 80
720 : ☐ = ☐
☐ · ☐ = ☐
☐ · ☐ = ☐

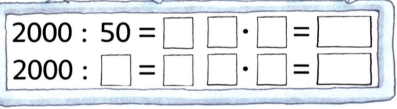
2000 : 50 = ☐   ☐ · ☐ = ☐
2000 : ☐ = ☐   ☐ · ☐ = ☐

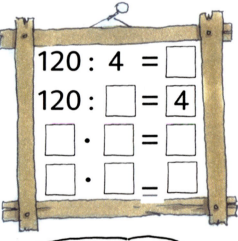
120 : 4 = ☐
120 : ☐ = 4
☐ · ☐ = ☐
☐ · ☐ = ☐

He, Pauline! Weißt du, was in den Rahmen fehlt?

Klar! Da fehlen Zahlen!

Die Schatztruhe

Emil und Pauline haben in der Schatzkammer eine alte Truhe entdeckt. Aber die Truhe ist gut verschlossen. Nur die richtige Zahlenkombination ermöglicht es, die Truhe zu öffnen. Jedes Bild steht für eine bestimmte Zahl von 1 bis 7.

⇨ Sobald du eine Zahl herausgefunden hast, trage sie bitte unter dem passenden Bild ein.

⇨ Zähle die 5 Zahlen auf der Truhe zusammen!

Streng geheim!

Um diese Geheimbotschaft herauszubekommen, sollst du zuerst die Aufgaben ausrechnen.

▷ Rechne so wie im Beispiel.
▷ Trage dann die Ergebnisse der Reihe nach in den Rechenturm ein.

```
  342 ÷      526 △     804 □     245 ○     428 ✕
 +557       +413      + 23      +651      +120
 ─────      ─────     ─────     ─────     ─────
  899
```

```
  329 ✱                          541 ～    354 φ
 +537                           +229      +127
 ─────                          ─────    ─────

                                 392 ÷    150 ▽
                                +463     +179
                                ─────   ─────
```

Achte auf die Reihenfolge! Die Symbole (○,✱,△) helfen dir!

▷ Übersetze jetzt die rot umrandeten Zehnerzahlen in Buchstaben. Gleiche Zahlen bedeuten auch gleiche Buchstaben.

2	3	4	5	6	7	8	9
T	U	E	H	M	A	C	G

Trage bitte jetzt die Buchstaben in die roten Felder ein!

Gerade oder ungerade?

Emil und Pauline wollen die Burgmauer anmalen, aber sie sind sich nicht einig, in welcher Farbe. Da ist Pauline ein tolles Wettspiel eingefallen: Emil darf alle Felder mit ungeraden Ergebniszahlen blau ausmalen und Pauline darf die Felder mit geraden Ergebniszahlen rot ausmalen.
Hilfst du den beiden? Dann nimm einen roten und einen blauen Stift zur Hand, rechne und male.

⇨ Wer hat die meisten Steine ausmalen dürfen?
⇨ Wer hat vier Steine direkt untereinander in seiner Farbe ausmalen dürfen?
⇨ Wer hat vier Steine direkt nebeneinander in seiner Farbe ausmalen dürfen?

Die Schäfer

Emil und Pauline hüten die Schafe. Jedes Schäfchen trägt eine Rechenaufgabe. Aber leider fehlen die Rechenzeichen!
Die Schafe kommen einfach nicht darauf, welche Zeichen fehlen.
Aber für Pauline, Emil und für dich ist das bestimmt kein Problem!

Die Burgfenster

In jedem Fenster stecken zwei Rechenaufgaben.

⇨ Folge den Pfeilen und trage die fehlenden Zahlen in die leeren Kästchen ein.

Paulines Rechenblöcke

Pauline hat einen einfachen Weg gefunden, wie man große Zahlen teilen kann. Sie zerlegt die Zahl einfach in mehrere kleine Zahlen, die sich ohne Rest teilen lassen, und zählt die Ergebnisse zusammen.

Die Rechenwolken

➡ Kontrolliere! Trage die Reste der Wolkenrechnungen hier ein und zähle sie zusammen.

☐ + ☐ + ☐ + ☐ + ☐ + ☐ + ☐ + ☐ + ☐ + ☐ = ☐

Der Zahlenturm

Wiederholen der Einmaleinsreihen mit 10, 5, 2, 4, 3, 6

In jedem Turm findest du Zahlen, die zu der 1·1-Reihe gehören, deren Grundzahl auf dem Fähnchen steht.

⇨ Lösche alle übrigen Zahlen mit einem Bleistift!

⇨ Zähle mit, wie viele Zahlen du insgesamt löschen musst, und kontrolliere dein Ergebnis mit dem Lösungskärtchen!

Suche aus deinen Lösungskärtchen das passende heraus! Tipp: Achte auf alles, was sich im Kästchen befindet!

Wiederholung: Einmaleins mit 2, 4, 5, 8, 10

Die Rechenhäuser

⇨ Verbinde bitte jede Rechenaufgabe aus dem roten Haus mit ihrer Umkehraufgabe im blauen Haus und ihrem Ergebnis im grünen Haus!

⇨ In jedes dieser kleinen 1 · 1-Häuser hat sich eine Zahl eingeschlichen, die hier nicht hingehört. Kreise sie ein!

Das Einmaleins mit 9

Emils Rechentrick

Emil ist kein schneller Rechner, aber im 9er-Einmaleins ist er unschlagbar.
Emil hat einen geheimen Rechentrick und den verrät er dir jetzt.

⇨ Lege zuerst deine Hände so auf den Tisch!

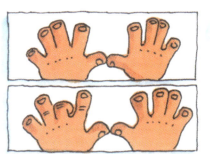

Willst du ausrechnen, was z.B. 3 · 9 ist, beugst du den 3. Finger. Das sieht dann so aus:

Super, Emil! Stimmt haargenau!

Jetzt musst du nur noch zählen! Die Finger vor dem gebeugten sind die Zehner, die Finger hinter dem gebeugten sind die Einer.
Also ist 3 · 9 = 2 Zehner + 7 Einer: 3 · 9 = 27.

⇨ Schreibe die Rechenaufgaben unter jedes Bild und trage auch die Ergebnisse ein!

7 · 9 = ☐ Z + ☐ E = ☐   4 · 9 = ☐ Z + ☐ E = ☐   ☐ · ☐ = ☐ Z + ☐ E = ☐

☐ · ☐ = ☐ Z + ☐ E = ☐   ☐ · ☐ = ☐ Z + ☐ E = ☐   ☐ · ☐ = ☐ Z + ☐ E = ☐

Das haut mich total um!
Emil, das Rechengenie!

Kontrolliere deine Ergebnisse aber trotzdem mit dem Lösungskärtchen!

Alle Einmaleinsreihen

Der Kriminal-Tango

Sherlock Schaf ist am Ende seiner Weisheit angelangt und bittet Pauline, Emil und dich um Mithilfe. In jeder Säule befinden sich Zahlen einer bestimmten 1 · 1-Reihe. Doch hat sich in jeder Säule auch ein Bösewicht eingeschmuggelt, der hier nicht hingehört.

⇨ Kreise die Bösewichter mit einem roten Stift ein!

9	16	36	63	15	45	16	100	18
27	12	24	14	9	15	11	40	72
54	40	6	25	3	25	10	90	24
72	32	26	28	27	20	4	10	8
18	4	48	35	6	49	20	51	56
45	36	54	70	21	35	14	80	64
29	8	18	42	23	30	6	30	16
36	18	12	49	18	40	12	60	32

Trage die Bösewichter in die roten Kästchen ein!

Malzbier

Alles klar? Hier kontrollieren!

Punkt vor Strich

Die Rechenbäumchen

⇨ Trage bitte die fehlenden Zahlen und Rechenzeichen in die Rechenbäumchen ein!

Einmaleins-Aufgaben mit Umkehroperationen

Die Käsemäuse

⇨ Rechne zuerst alle Aufgaben und trage die Ergebnisse ein!
⇨ Verbinde dann jede Maus mit zwei passenden Käsestücken!

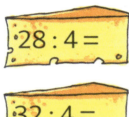
28 : 4 =

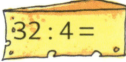
32 : 4 =

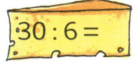
30 : 6 =

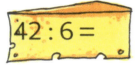
42 : 6 =

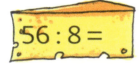
56 : 8 =

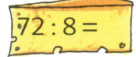
72 : 8 =

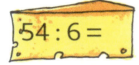
54 : 6 =

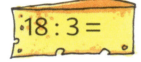
18 : 3 =

5 · 6 =

9 · 8 =

7 · 4 =

6 · 9 =

4 · 8 =

8 · 7 =

3 · 6 =

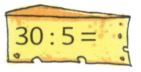
30 : 5 =

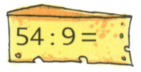
54 : 9 =

18 : 6 =

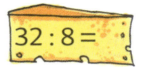
32 : 8 =

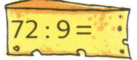
72 : 9 =

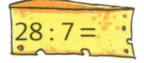
28 : 7 =

42 : 7 =

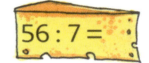
56 : 7 =

⇨ Wenn du alles richtig gemacht hast, bleiben dir am Schluss zwei Käseaufgaben übrig. Wie lautet die dazu passende Malaufgabe? Trage sie hier ein: ☐

Hier sollst du wieder kontrollieren!

Alle Einmaleinsreihen und Umkehroperationen

Die 1 · 1-Kisten

⇨ Ergänze bitte die fehlenden Zahlen!

Viel zu schwer...

Sieht schwierig aus, ist aber ganz einfach!

•	3	4	9	8	2	10	7	
3	9					30		
6			54					
	21							
		16						20

•	5	2	6	3
9	45			
5			15	
		12		
				48

•	10	3	4	7
7				49
3			9	
10	100			
4				16

Die dritte 1·1 Kiste ist die schwierigste. Gar nicht erst versuchen! Gleich das Lösungskärtchen ziehen!

So, so...!

Einmaleinsaufgaben mit Text

Die Rechenschafe

⇨ Verbinde bitte jedes Schäfchen mit der passenden Rechenaufgabe und fülle die leeren Kästchen aus!

Kettenrechnungen: Malnehmen und teilen

Das Hochland-Rinder-Rennen

Emil und Pauline besuchen das Rinderrennen. Es gewinnt das Rind, das im Ziel die höchste Punktezahl hat.

⇨ Kannst du ausrechnen, welches Rind gewinnen wird?

⇨ Male alle Felder aus, in denen eine Zahl steht, die ohne Rest durch 9 oder 5 teilbar ist. Dann kannst du lesen, was der Hase ruft.

81	10	216	17	55	909	35	6	45	77	61	100	13
19	40	52	104	18	41	117	14	500	22	82	72	231
3	36	21	39	90	803	54	19	25	111	16	150	74
21	200	4	121	15	63	350	64	9	342	78	414	27

Ich weiß, wer gewinnt! Das steht nämlich auf dem Lösungskärtchen!

Einmaleins-Sachaufgaben

⇨ Lies die Texte gründlich durch!
⇨ Trage die Rechenaufgaben in die Rechenbäumchen ein und ergänze die Ergebnisse und Antworten!

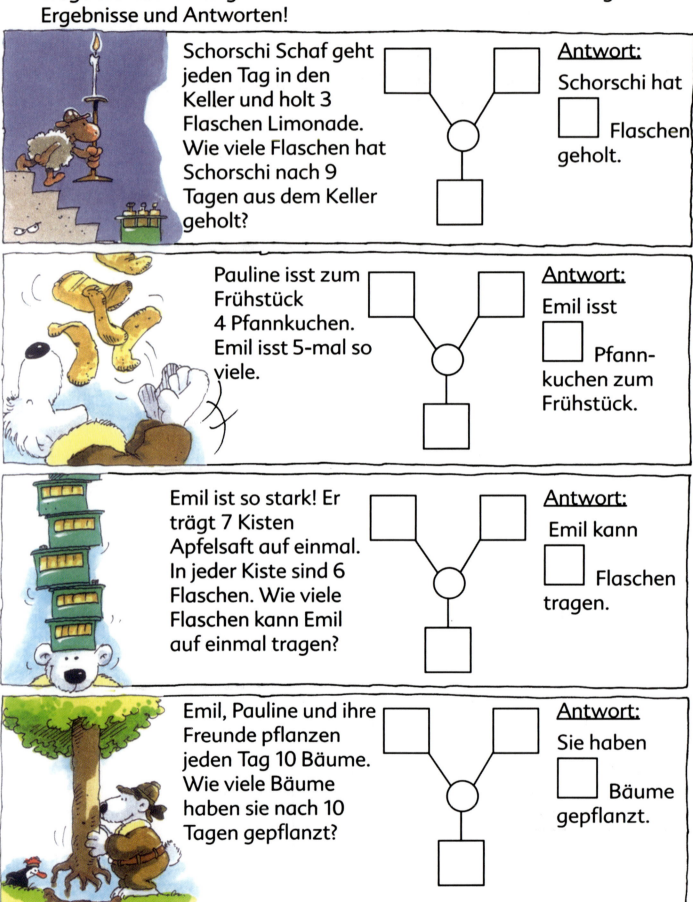

Schorschi Schaf geht jeden Tag in den Keller und holt 3 Flaschen Limonade. Wie viele Flaschen hat Schorschi nach 9 Tagen aus dem Keller geholt?

Antwort: Schorschi hat ☐ Flaschen geholt.

Pauline isst zum Frühstück 4 Pfannkuchen. Emil isst 5-mal so viele.

Antwort: Emil isst ☐ Pfannkuchen zum Frühstück.

Emil ist so stark! Er trägt 7 Kisten Apfelsaft auf einmal. In jeder Kiste sind 6 Flaschen. Wie viele Flaschen kann Emil auf einmal tragen?

Antwort: Emil kann ☐ Flaschen tragen.

Emil, Pauline und ihre Freunde pflanzen jeden Tag 10 Bäume. Wie viele Bäume haben sie nach 10 Tagen gepflanzt?

Antwort: Sie haben ☐ Bäume gepflanzt.

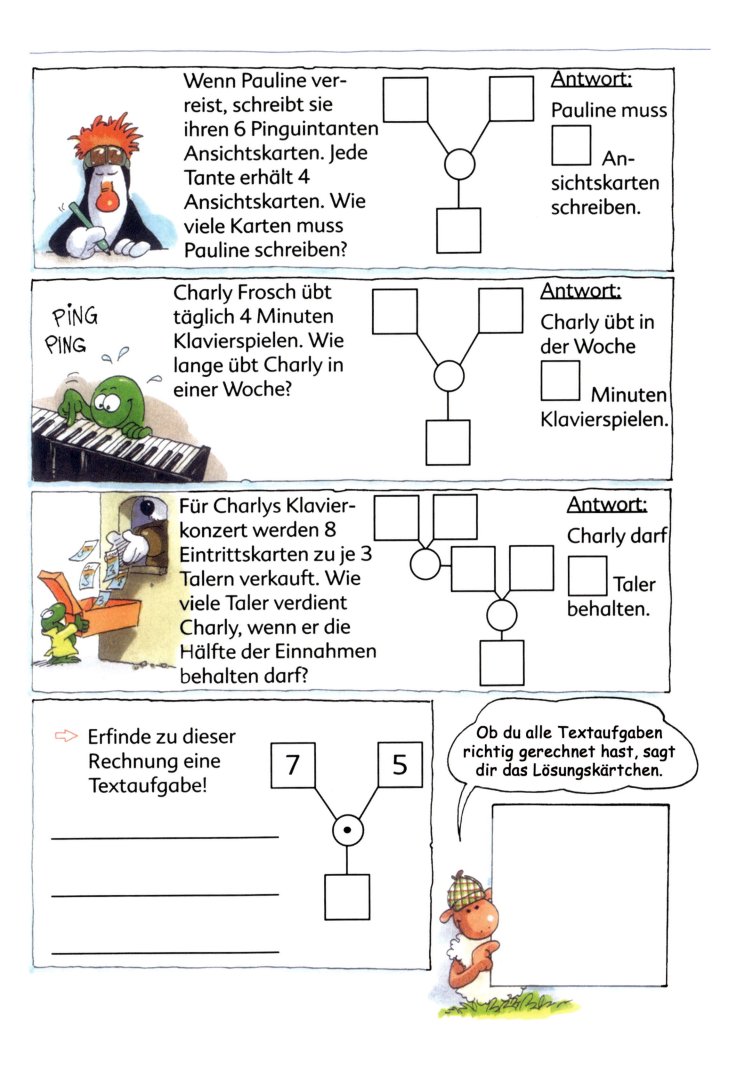

Einmaleins - mit Addition und Subtraktion

Das Einmaleins der Tiere

Jedes Tier zeigt dir eine Ergebniszahl.

⇨ Male in der Reihe daneben alle Aufgabenfelder rot aus, deren Ergebnisse dieser Zahl entsprechen.

20	2•10	3•6	4•5	2•8+4	7•9-3	5•5-5
32	6•5+2	4•7	7•5-3	4•6	7•7	8•9-12
12	7•2-2	3•4	8•2-1	2•6	3•5+8	5•6-20
24	3•8	4•7	5•5+1	7•3+3	4•6	8•3
36	8•6-4	9•4	5•7+1	6•6	7•5+1	5•8-4

⇨ Neben welchem Tier hast du die meisten Kärtchen rot angemalt?

Suche die Kontrolle und überprüfe!

⇨ Welche beiden Tiere haben gleich viele rote Kärtchen?

Multiplizieren und dividieren im Zahlenraum bis 100

Das Einmaleins-Schloss

Englisch

Emil und Pauline sind gerade mit ihrem Wohnmobil in England gelandet. Darum stellen sie sich nun natürlich auf Englisch vor.

⇨ Hast du deine Wortkärtchen schon ausgeschnitten? Das wäre prima. Lege alle 10 Kärtchen bereit, auf denen du Tiere siehst.

Eine ganze Menge Tiere sind zur Begrüßung zum Landeplatz gekommen und stellen sich nun auch vor. Verstehst du, was sie sagen?

⇨ Fülle die Lücken in den Sprechblasen aus. Diese Wörter fehlen:

| I am | fox | frog | Peggy | name |

⇨ Jetzt sollst du dich vorstellen. Fülle die Sätze aus:

My _____ is _____ .

I _____ a _____ (girl/boy).

Die Wörterburgen

⇨ Im linken Turm der Burg siehst du einen Gegenstand. Suche das rote Wortkärtchen dazu und kreise die Buchstaben des Wortes in der Burg ein!
⇨ Die übrig gebliebenen Buchstaben ergeben ebenfalls ein Wort. Male das passende Bild in den rechten Burgturm und ergänze den Satz darunter.

It is ____the sun____.

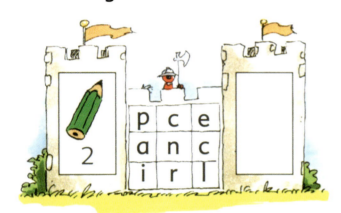

It is a _____.

It is a _____.

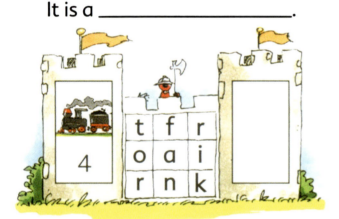

It is a _____.

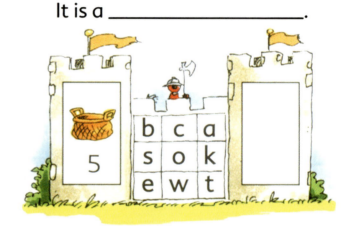

It is a _____.

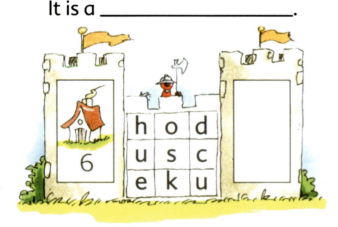

It is a _____.

It is a _____.

Lösungen: 1: flower/sun, 2: pencil/car, 3: chair/girl, 4: train/fork, 5: basket/cow, 6: house/duck, 7: knife/boat

Die Farben

⇨ Fahre die Linien von den Tieren und Dingen zu den Eimern mit Farbe nach.
⇨ Male die Tiere und Dinge dann in den jeweiligen Farben an.

⇨ Fülle jetzt diese Lücken aus! Vergleiche genau mit den Bildern oben. Die farbigen Linien helfen dir.

⇨ Beantworte bitte diese Fragen entweder mit "**Yes, it is**" (3) oder mit "**No, it isn't**" (4).

The car is _____.
The bird is _____.
The flower _____.
The _____.
___ _____.
___ _____.
___ _____.

Is the cat brown? Yes, ___ ___.
Is the table yellow? No, ___ ___.
Is the bike red? ___, ___ ___.
Is the bird pink? ___, ___ ___.
Is the coat black? ___, ___ ___.
Is the flower yellow? ___, ___ ___.
Is the car brown? ___, ___ ___.

Lösungen: cat: yes, table: no, bike: no, bird: no, coat: yes, flower: yes, car: no

Emil, der Schäfer

Emil hütet die Schafe. Dabei fällt ihm auf, dass es nur drei Schafe gibt, bei denen die Schaffarbe und das Farbwort zusammenpassen. Findest du die drei? Dann kreise sie bitte ein!

Gute Aussicht!

⇨ Was kann Emil alles sehen? Vervollständige bitte die Sätze, die Emil ruft:

I can see a _____.

I ___ see a _____.

I ___ ___ _____.

I ___ ___ _____.

I ___ ___ _____.

I ___ ___ the _____.

⇨ Beantworte die Sätze für Emil mit "**Yes, I can**" oder mit "**No, I can't**".

Can you see a tree, Emil?

Yes, ___ _____.

Can you see a cow?

No, ___ _____.

Can you see a bike?

___, ___ _____.

Can you see the sun?

___, ___ _____.

Was gehört zusammen?

Verbinde bitte jedes Tunwort (Verb) mit dem passenden Gegenstand!

➪ Fülle bitte die Lücken aus!

I eat a _____.

I sleep in my _____.

I ____ with a pencil.

I read a _____.

I ____ on a _____.

I play with my _____.

I ____ a cup of _____.

Es gibt viel zu tun!

1 eating   2 sleeping   3 jumping   4 reading
5 drinking   6 cooking   7 writing   8 washing

⇨ Schreibe bitte auf, was die Tiere gerade tun.

1 Pauline is *eating* tomatoes.

2 The mouse __ _____ .

3 The sheep __ _____ on the bed.

4 _____ __ _____ a book.

5 _____ __ _____ a glass of milk.

6 The pig __ _____ soup.

7 _____ __ _____ a letter.

8 The rabbit __ _____ his car.

Die Monsterfabrik

Butler James führt Pauline in den dunklen Schlosskeller, wo die Monster hergestellt werden.

⇨ Hier sollst du die beiden fertigen Monster beschreiben. Achte auf die Erkennungsbuchstaben (A, B, C, ...)

This monster has got ...

five _____ (A), four _____ (B),

three _____ (C), one _____ (D),

two _____ (G), six teeth in his

_____ (E) and red (F) _____.

This monster has got …

three _____ (A),

six _____ (B),

one hand with seven _____ (G),

red _____ (E) and

four _____ (F).

Die Kleidung

> Trage die fehlenden Wörter ein! Achte genau auf die Farben, dann weißt du genau, welches Wort passt.

Fred the fox has got a red jacket,

a blue _____ ,

black _____ ,

brown _____ ,

a yellow _____ .

Jenny has got a pink _____ ,

a yellow _____ ,

a blue _____ ,

black _____ ,

grey _____ .

What's this?

blue trousers

a yellow _____

 _red_ _____

 _a_ _____

_a_ _____

Waschtag bei Jenny

Jenny hat ihre Kleidung gewaschen und zum Trocknen an die Leine gehängt.

⇨ Beantworte bitte alle Sätze entweder mit "**Yes, she has**" oder mit "**No, she hasn't**".

Has Jenny got a red skirt?

_____, _____ _____.

Has Jenny got a yellow blouse?

Yes, _____ _____.

Has Jenny got a yellow jacket?

_____, _____ _____.

Has Jenny got green trousers?

No, _____ _____.

Has Jenny got pink socks?

_____, _____ _____.

⇨ Überlege dir zwei Fragen und schreibe sie über die passenden Antworten.

_____?

No, she hasn't.

_____?

Yes, she has.

Ja oder Nein?

⇨ Betrachte das Bild genau! Lies dann die Sätze und schreibe "**yes**" oder "**no**" in die Kästchen daneben.

Emil and Pauline are playing table-tennis. | yes

The frog is sleeping. |

The mouse is reading a book. |

The cat is sleeping in the boat. |

The dog is sleeping in the boat. |

The frog is jumping over the boat. |

The duck is swimming in the lake. |

The pig is eating flowers.

The duck and the mouse are eating cake.

The pig is playing with a ball.

The sun is shining.

 7 x yes

 4 x no

Du kannst die Wörter unter deinen Kärtchen finden und die Schreibweise kontrollieren.

Die Zahlen

⇨ Lege deine gelben Zahlenkärtchen auf den Tisch!
⇨ Suche im Buchstabengitter die ausgeschriebenen Zahlen und kreise sie ein. Du findest die Wörter waagerecht ↔ und senkrecht ↕.
⇨ Lies alle 11 Zahlen laut vor!
⇨ Trage dann die entsprechenden Zahlen in die roten Kreise ein.

(10) _____ (6) _____ (7) _____

(8) _____ (4) _____ (11) _____

(1) _____ (3) _____ (5) _____

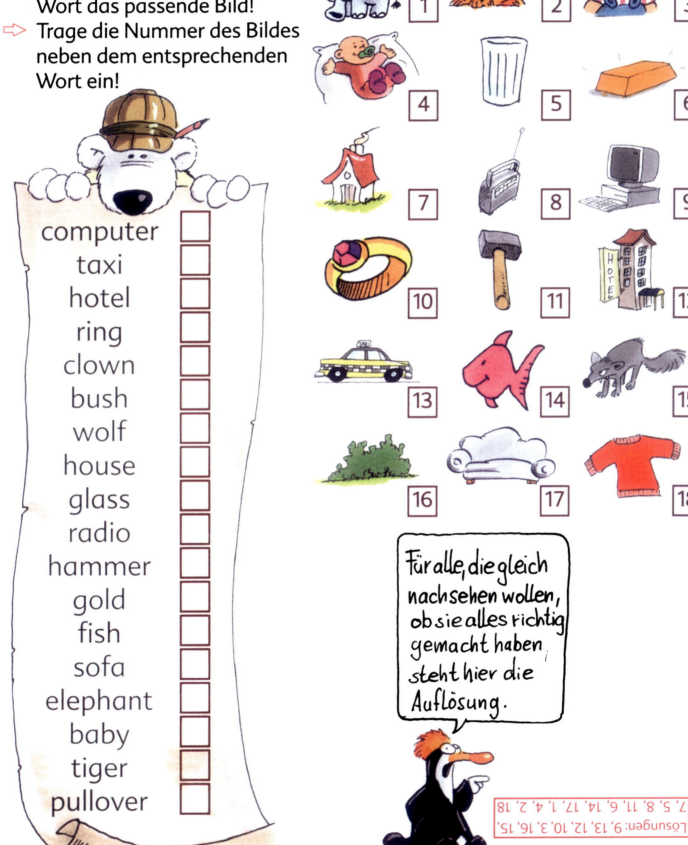

Wer liebt wen? Wer liebt was?

⇨ Schau die Bilder gut an. Jedes Tier liebt etwas anderes.
⇨ Fülle die Lücken in den Sprechblasen aus!

Die Verhältniswörter

➪ Schreibe bitte zu jedem Bild einen Satz. Achte auf die Verhältniswörter:

in   on   under   behind   in front of

 The cat is _____ the table.

Emil and Pauline are _____ .

 The _____ is ____ the _____ .

Jenny ____ _____ the red _____ .

 The _____ is ___ ___ _____ .

The _____ are _____ ___ _____ .

 The _____ ___ _____ ___ _____ .

The _____ ___ ___ _____ ___ _____ .

Reimwörter

⇨ Suche zu diesen Bildern deine passenden roten Kärtchen heraus und lies die Wörter laut vor!
⇨ Verbinde jetzt immer zwei Begriffe, die sich reimen!

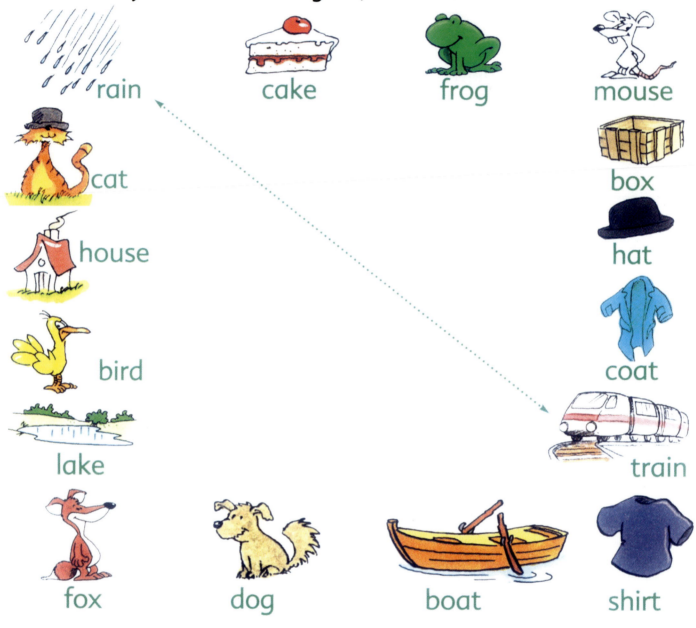

⇨ Suche auch zu diesen neuen Wörtern passende Reimwörter-Kärtchen!
⇨ Schreibe dann die Reimwörter unter die Bilder!

cook   bee   moon   hair   beans

book

Kreuzworträtsel

⇨ Lege deine roten Wortkärtchen bereit!
⇨ Trage die Wörter in das Rätselgitter ein! Kontrolliere mit deinen Wortkärtchen, ob du alles richtig geschrieben hast!

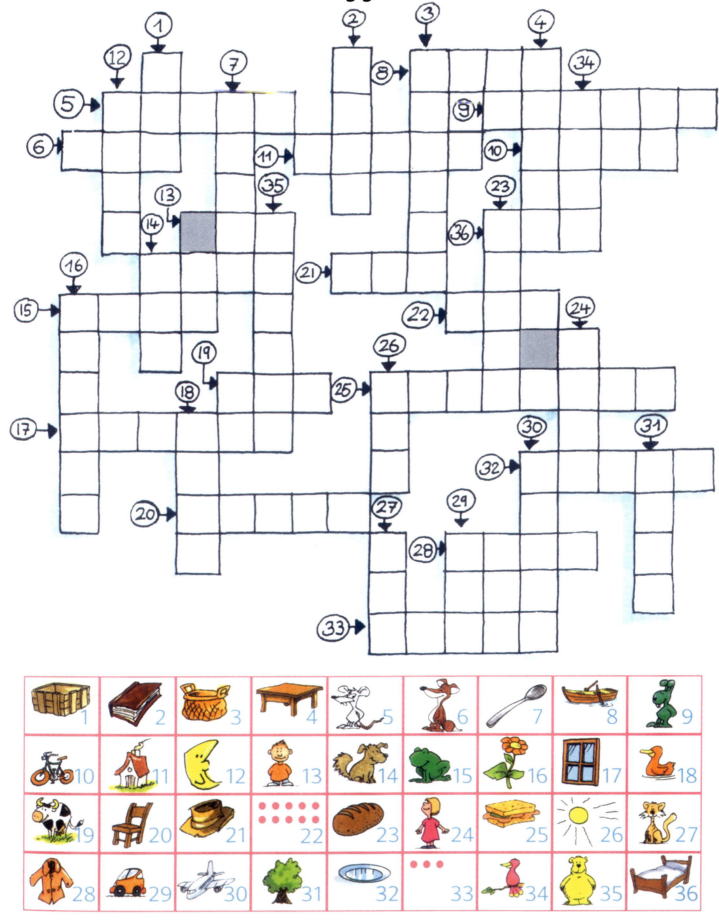

Hier hilft dir die Lautsprache, die Wörter der Kärtchen richtig auszusprechen.

Namenwörter

bed	[bed]	coat	[kəʊt]	house	[haʊs]	sheep	[ʃiːp]
bike	[baɪk]	cow	[kaʊ]	jeans	[dʒiːnz]	shirt	[ʃɜːrt]
bird	[bɜːd]	cup	[kʌp]	knife	[naɪf]	shoes	[ʃuːz]
boat	[bəʊt]	cupboard	[ˈkʌbəd]	lake	[leɪk]	socks	[sɒks]
boy	[bɔɪ]	dog	[dɒg]	moon	[muːn]	spoon	[spuːn]
bread	[bred]	duck	[dʌk]	mouse	[maʊs]	sun	[sʌn]
cake	[keɪk]	flower	[ˈflaʊər]	plane	[pleɪn]	table	[ˈteɪbl]
car	[kaːr]	fork	[fɔːk]	plate	[pleɪt]	train	[treɪn]
carpet	[ˈkaːpɪt]	fox	[fɒks]	rabbit	[ˈræbɪt]	tree	[triː]
cat	[kæt]	frog	[frɒg]	rain	[reɪn]		
chair	[tʃɛər]	girl	[gɜːl]	ruler	[ˈruːlər]		
cheese	[tʃiːz]	hat	[hæt]	sandwich	[ˈsænwɪdʒ]		

Tunwörter

to cook	[tuː kʊk]	to go	[tuː gəʊ]	to read	[tuː riːd]	to swim	[tuː swɪm]
to drink	[tuː drɪŋk]	to jump	[tuː dʒʌmp]	to sit	[tuː sɪt]	to wash	[tuː wɒʃ]
to eat	[tuː iːt]	to play	[tuː pleɪ]	to sleep	[tuː sliːp]	to write	[tuː raɪt]
to fly	[tuː flaɪ]						

Farben

black	[blæk]	green	[griːn]	pink	[pɪŋk]	white	[waɪt]
blue	[bluː]	grey	[greɪ]	red	[red]	yellow	[ˈjeləʊ]
brown	[braʊn]						

Zahlenwörter

1	one	[wʌn]	4	four	[fɔːr]	7	seven	[ˈsevn]	10	ten	[ten]
2	two	[tuː]	5	five	[faɪv]	8	eight	[eɪt]	11	eleven	[ɪˈlevn]
3	three	[θriː]	6	six	[sɪks]	9	nine	[naɪn]	12	twelve	[twelv]

Gegensätze

good	[gʊd]	beautiful	[ˈbjuːtɪfʊl]	cold	[kəʊld]	dry	[draɪ]
bad	[bæd]	ugly	[ˈʌglɪ]	hot	[hɒt]	wet	[wet]
big	[bɪg]	clean	[kliːn]	clever	[ˈklevər]		
small	[smɔːl]	dirty	[ˈdɜːtɪ]	stupid	[ˈstjuːpɪd]		

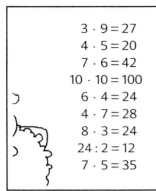

3 · 9 = 27
4 · 5 = 20
7 · 6 = 42
10 · 10 = 100
6 · 4 = 24
4 · 7 = 28
8 · 3 = 24
24 : 2 = 12
7 · 5 = 35

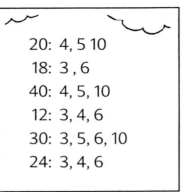

20: 4, 5 10
18: 3 , 6
40: 4, 5, 10
12: 3, 4, 6
30: 3, 5, 6, 10
24: 3, 4, 6

56, 5, 63,
4, 8, 24.
4, 6, 8,
9, 7.

29, 18, 26,
25, 23, 49,
11, 51, 18

Die meisten roten Kärtchen wurden bei Charly Frosch angemalt. Emil und Pauline haben gleich viel ausgemalte Kärtchen.

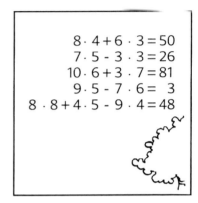

8 · 4 + 6 · 3 = 50
7 · 5 − 3 · 3 = 26
10 · 6 + 3 · 7 = 81
9 · 5 − 7 · 6 = 3
8 · 8 + 4 · 5 − 9 · 4 = 48

Die 8 gewinnt.

TOLL!

ruft der Hase.

7 · 9 = 63
4 · 9 = 36
8 · 9 = 72
2 · 9 = 18
9 · 9 = 81
6 · 9 = 54

Die fehlenden Zahlen sind:
70, 21, 28,
30, 12, 21,
30, 40, 70,
40, 12, 28

Die falschen Zahlen in den 1x 1 Häusern heißen:
58, 52, 11, 18.

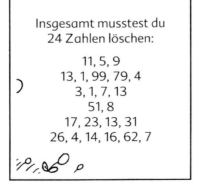

Insgesamt musstest du 24 Zahlen löschen:
11, 5, 9
13, 1, 99, 79, 4
3, 1, 7, 13
51, 8
17, 23, 13, 31
26, 4, 14, 16, 62, 7

6 x 7

er blieb, sie fiel, ich ließ, sie hieß, du stiegst, er hielt, ich schwieg, du riefst, es schien, er blies, es trieb Spiegel, Wind, Fisch, Wiege, Pinguin, Finger, Biene, Dieb, Schiff, Fliege, Zwiebel, Birne, Sieb, Igel, Ring	du naschst es fällt — du tanzt du gräbst — er fährt es wächst — sie platzt sie wäscht — du fängst	⑥ · g ④ · k ⑤ · d ⑤ · t
Merke: Vor dem Dehnungs-h klingt der Selbstlaut oder der Umlaut lang.	Nach <u>einem</u> kurz gesprochenen <u>Selbstlaut</u> folgt meist <u>ein</u> doppelter <u>Mitlaut</u>.	7 · äu 6 · äu 5 · eu 6 · eu 7 · äu 8 · äu 5 · eu 4 · eu
	8 · -ig 6 · -lich 8 · -isch	Kontrolllämpchen, Stalllaterne, Schifffahrt, Teeei, Betttuch, Einschussstelle, Sauerstoffflasche, Seeelefant, Imbissstube, Schneeeule, Nussschokolade, Kaffeeeis
Schneemann, Nordsee, Bootshaus, Tanzsaal, Haarspange, Bundesstaat, Seerose, Briefwaage, Stachelbeere	Wecker, Bank, Glocke, Jacke, Rakete, Sack, Schrank, Schaukel, Wolke, Schnecke, Musik	13

to go	to drink	to eat	to sleep	to play
to sit	to write	to read	to jump	to swim
to fly	to cook	to wash	one	two
three	four	five	six	seven
eight	nine	ten	eleven	twelve
red	blue	green	white	black
brown	yellow	pink	grey	small
big	dirty	clean	clever	stupid
beautiful	ugly	good	bad	cold
hot	wet	dry		

Tasche	Tafel	Stuhl	Seife	Wecker
Tomate	Telefon	Taxi	angeln	Zitrone
Zettel	Zeitung	malen	kochen	hüpfen
fahren	rutschen	rudern	reiten	putzen
hart	waschen	trinken	tauchen	leicht
langsam	kalt	heiß	trocken	schwer
schnell	nass	Pauline	rechts	links
weich				